THIS BOOK BELONGS TO

____

____

____

____

97129940R00064

Made in the USA
Lexington, KY
27 August 2018